JN437868

구름 같아라

조관연 시집

구름 같아라

초판 인쇄 / 2013년 08월 10일
초판 발행 / 2013년 08월 15일

지은이 / 조관연
펴낸이 / 김경옥
편집 / 이진만 신진회
펴낸곳 / 도서출판 온북스
등록번호 / 제 312-2003-000042호
등록년월일 / 2003년 8월 14일
주소 / 서울시 종로구 관수동 154-1번지
전화 / 02) 303-0762, 2273-4602
팩스 / 02) 303-2010, 2274-4602
전자우편 / bjs4602@hanmail.net

ISBN 978-89-92364-56-0 (03810)
* 잘못된 책은 바꾸어 드립니다

구름 같아라

조관연 시집

온북스
onbooks

• 시인의 말

무상한 세월, 빠른 인생길

성경 말씀에, 네 인생이 무엇이냐. "잠깐 있다 없어지는 안개니라"고 하시었다. 무상한 세월, 빠른 인생길 그 빠름을 어떤 이는 화살 같다고도 말하고 어떤 이는 電光石火라고도 말합니다.

나의 유년시절이 어제와 같은데 어느새 80고개를 걷고 있습니다. 인생이 태어난다고 하는 것은 반드시 죽음이 전제되고 인생이 너와 내가 서로 만난다고 하는 것은 반드시 헤어짐을 전제로 하는 것이 창조주의 뜻입니다.

나는 어느 날 내가 걸어온 80성상을 회상해 보았습니다. 기뻤던 일, 슬펐던 일, 보람된 일, 아쉬웠던 일들이 영화의 필름을 되돌리듯 주마등 같이 회상이 되었습니다.

다행이 그때 그때의 삶의 감회들을 수필로 남긴 수필집이 5권(1 서산댁, 2 흔드시는 손, 3 안개, 4 오늘은 축복입니다, 5 행복이 머무는 곳)이 되었고 이번에 여섯 번째로 시집 『구름 같아라』를 내놓게 되어 이 세상에 살다간 자국으로 삼게 되었습니다.

내가 자주 읽고 애송하는 "이은상"시인의 시 한 구절이 생각이 납니다.

차창을 내다볼 때 / 산도 내도 다 가더니 /
내려서 돌아보니 / 산도 없고 나만 왔네 /
다 두고 저만 가니 / 인생인가 하노라 /

나를 따라 오던 산(山)과 내(川)가 적지에 내리고 보니 이들은 간데없고 사방을 돌아보아도 나만 혼자 있고나!!

그래 내가 살아온 어제들이 너무 무겁게만 살았구나.

욕심 사납게 쥐고 놓을 줄을 몰랐구나. 사람이 결국은 훨훨 털고 마침내는 빈 손으로 나 혼자 가는 것을!!

'욕심을 부리지 않고 빈 몸 하나 들고서 조용히 살다가 가겠노라' 라고 하는 공감되는 시심이기 때문입니다.

그렇습니다. 남은 여생을 하나님의 은혜, 부모님의 은혜, 형제사랑에 감사하면서 그리고 자식과 나라 위해 기도하면서 이웃과 나누고 베풀면서 살 것입니다.

끝으로 평생을 어린 희망들을 교육하고 길렀던 나의 사고(思考)이기에 자식과도 같은 제자들과 젊은이들이 많이 읽어 거름이 되었으면 하는 욕심을 가져도 보면서 머리말에 대신합니다.

2013년 8월에

조관연

차 례 ● ●

2. 어머니 마음

3. 항상 좋은 생각만

4. 웃음의 덕목

5. 나는 흙을 사랑합니다

6. 나의 황혼(黃昏) 인생 _수필

1

지금 이 시간

지금 이 시간

여보게 이 사람아 화려했던 과거였다고
자랑일랑 고만하게

실패하고 슬펐던 어제였다는 후회도
이제는 고만하라는 말일세

그것들은 모두가 나를 떠난
흘러간 물과 같은 것들 이라네

나의 소망 나의 꿈을 이루어줄 수
있는 것은 어제가 아니라
지금 이 시간이라네

지금 내게 주어진 이 시간이 소중함을
깨달아 소홀히 해서는 안 되는 이유가
여기에 있는 것이라네

소중한 세월을 소중하게

천천히 걸어도
빨리 달려도
우리에게 주어진 시간은
오직 한 세상인 것을

더러는 조금 살다가
더러는 오래살다가
우리는 가야할 곳으로
떠나는 것을

소중한 시간에
우리 사랑하며
우리 이해하며
우리 그렇게 살아가야
할 것입니다

우리에게 주어진
둘도 없는 삶
지난날 돌이키며
후회하기보다는

남은 날 아름답게 가꾸는 일에
희망을 걸어보면서 행복을 찾아
내어 보면서

마침내 바람에게도
돌멩이에게도
보이지 않는 마음에게도
고마움을 느끼며

어제 오늘 그리고 내일

여보게 이 사람아 우리 인생
어제 오늘 내일을 살게 하신
하나님께 감사하세나

먼저 무사히 살아오게 하신 어제를
감사하면서 내 마음대로 살게 하신
오늘을 열심히 살아가세

오늘 못 다한 소원 이룰 수 있는
내일이 있으니 내일 또한 감사하지
않느냐는 말일세

온고지신 어제의 경험으로 오늘을
지혜롭게 살고 오늘 좋은 씨를 심어야
내일 좋은 수확을 얻을 수 있는 법

오늘 할 일 내일로 미루지 말고
내일의 꿈을 갖고 열심히 살아보세

만물유질萬物有質

이 세상의 모든 것은 다 질이 있고 종류에 따라
모두 이 질이 다르다

이 질은 악질과 양질로 구분되며
우리는 양질을 선호한다

나무는 단단한 목질을, 물은 깨끗한 일급수를,
토지는 거름진 옥토를

무엇보다 중요한 것은 인간의 질이다
강도, 유괴범, 사기꾼 등 있어서는 안 될 악질인간

이 사회에 필요한 선량한 마음, 책임감이 강한 마음,
자선의 마음 등은 양질의 인간

위대한 사회, 위대한 나라는 양질의 인간의 구성이다
우리 모두는 양질의 인간이 되기 위하여 힘써야 한다

이 나라가 행복한 조국 되는 일은
양질의 국민으로 교육하는 일이다

인생길 걸었노라

나는 보았노라 걸었노라
인생길 굽이굽이 굽이진 길을
꽃향기 봄 길도 걸었노라

장마 진 질퍽길도 걸었노라
산길 들길 피곤한 그 길들이
인생의 길 일러라

그 길가 울음소리 들었노라
웃음소리도 들었노라
웃고 울어도 보았노라

웃고 우는 그 사이에
우리 인생 무상하여
원치 않는 주름 백발
막을 사이 없었노라

연약한 자 그 이름 인간이듯
싫었어라

엄동설한 에이는 추위
봄바람에 쫓겨 가고
장마구름 저 너머로 장렬한
햇빛 보소

이것이 천지창조 하나님의 섭리라오
부질없이 낙심도 헛된 꿈도
마음까지 더 버리고
돌아서 주님 손잡으시오

우리 인생 가는 종점 저 천국이
본향인 걸 저 천국 가는 길은
오직 한 길 골고다의 길이라오

가장 슬픈 일은

사람이 살면서 가장 슬픈 일이
무엇인지 생각해 보셨습니까

원치 않는 이별입니다
죽어서 이별하는 슬픔
헤어지기 싫은데도
헤어져야 하는 이별의
슬픔

우리 인생은 그렇게 아픔을
견뎌가며
살아가야 하는 여정이라는데
어찌 하겠습니까

오늘도 그리운 이 마음으로
사랑의 시로 적어 님의 마음에
전하고 싶소이다

고맙다 "고진감래"구나

누가 말했다 고진감래(苦盡甘來)
쓴 것을 이기면 단 것이 온다고

누가 말했나 자식교육도 가을을 바라보는
농민의 수고와 같다고

고맙다 오늘 너의 모습을 바라보며
우리의 어제들의 어려움들 고진감래의 뜻이
오늘 공감이 되는구나

내신수능 본고사 그리고 실기 최선을 다하던
너의 노력 모습 그리고

너의 체력을 염려하여
기도했던 네 엄마아빠의 애절했던 그 심정

오늘 같은 너의 고마운 잘된 모습 바라보며
우리는 그렇게 고진감래의 힘이 되었으리라

짜증은 내지 말고 좋은 말만하며 지내자고
네 어머니와의 그때 그 다짐들도 크게
다가오는구나

구름 같아라

저 푸른 저 하늘의 뭉게구름
예쁘다 하는 순간 어느 듯
사라져 보이지 않네

사라진 그 예쁜 모습
다시 오지 않는 것이
하늘의 이치더냐

내 귀여운 곱던 얼굴
구름인 듯 사라지니

우리인생 허무함도
그와 같아라

너 걷는 인생길道

당신은 어찌하여 어린이를
꾸중만 하십니까?

당신은 어찌하여 늙은이를
업신여겨 조롱만 하십니까?

그 길은 당신이 걸어온 길이요
그 길은 또한 당신이 걸어가야
할 길입니다

사랑해 주세요
존경해 드리세요

미룰 수 없는 일

우리가 살면서 미룰 수 없는
참으로 미룰 수 없는 일
그것은 孝道입니다

총알 같이 빠른 세월
무상한 세월
내일이 오늘 되고
오늘이 내일 되어
쏜살같이 도망치니

어쩌면 좋을건가
기다려주지 않는
부모님

지난 세월 돌이킬 수 없듯이
지난 후회 애달프다 어이하리

우리가 살면서 미룰 수 없는 일
참으로 미룰 수 없는 일
그것은 효도입니다

세월아 말 좀 하려무나

내 나이 18세 꽃다운 처녀시절
앵두 같은 입술 반달 같은 눈썹
보름달 둥근 달 같은 예뻤던
내 모습을 너는 기억하고 있겠지

세월아 이게 웬일이냐 나가 시집와
그 세월 헤어보니 50성상이 되었구나

물동이 보라방아 동분서주 살림하며
어른시하 자손 도리 아내노릇
엄마역할 굽이굽이 사연들
그 세월이 어제 같은데

오늘아침 세수하고 거울 앞에
헤어보니 반백년이 되었구나

세월아 너 말 좀 하려무나
저 거울 속 웃는 할멈이
정녕 내 얼굴이더냐

야속하다 너 세월 빠른 걸음 자랑인 듯
싫다 만은 너를 향한 원성소리
귀를 열고 들어보렴

오 늘

오늘은 하나님이 나에게 주신
소중한 재산이요 귀한 소유입니다

지나간 어제는 나의 것이 아닙니다
오늘만이 나의 소유입니다

오늘이라는 소중한 재산도 순간
도망쳐서 어제가 되지요

우리 인생 어제다 오늘이다 하는 사이
빠르게 종점이 가까워집니다

다시 한 번 생각해봅시다 누구는
똑같이 부여받은 오늘을 잘 활용하여
당당한 가을 인생이 되는데

누구는 게을러 어제만 바라보다가
후회하는 인생의 가을을 맞게도 됩니다

우리에게 주신 소중한 오늘의 기회를
우리는 소중한 창조의 기회로 소진되어야 합니다

잘도 달려가네

왜 흘러가느냐고 강물에 물으니
강물은 대답 없이 흐르기만 하네

청산은 왜 말이 없느냐고 내가 물으니
청산은 대답 없이 흰 새들만 들쪽으로
날려보내네

인생들아 노여움과 근심 걱정 요리조리
피해가며 어디로 그리 빠르게 달려가느냐

누가 나에게 그 사연을 물어본다면
나는 대답해 줄 수 있으련만

아무도 묻는 이 없이
우리인생 빠르게 달려만 가네

2

어머니 마음

늙음老

내 말 좀 들어보게나
늙음이라는 단어가 나와는 무관한 것으로
알고 살아왔다네

그런데 어느 날 무심코 내가 나를 보니
내가 그 주인이 되고 있지 않았던가

늙음의 의미를 곰곰이 생각해 보았다네
늙음이란 인생길 종착역에 가까운 인생을
모시는 가마였었네

이 보게나 젊은이 자네도 늙어보게나
서러운 게 한두 가지가 아니라네
하루에도 열 번을 허리, 다리, 어깨, 무릎아
구령을 부르며 살아가야 하는 것이 늙음이였네

이건 정말인데 나만 늙고 갈 터이니
자네는 늙지 말게나

아기병아리

고향집 안마당 어미 암탉 한 마리
수많은 아기병아리 거느리고
꾹 꾹 꾹

엄마 배고파 병아리들 엄마젖 달라고
삐약 삐약

조금만 기다리자 주인마님 먹이주실
시간 되었단다 어미닭 꾹 꾹 꾹

마당가 봄꽃 아름답다 했더니
너의 모습 더 아름답구나

어머니 마음

어머니 안녕히 계세요 조심해라
도착하는 대로 전화해라

어머니 이 아들의 오른쪽 주머니에
사랑 가득 담아주시고

어머니 이 아들의 왼쪽 주머니에
행복 가득 담아주시고

그리고도 더 못주시어서 나머지
호주머니를 바라보시는 우리 어머니

하늘에 비하랴 바다에 비하랴
어머니의 높고 깊은 그 사랑의 마음을

어버이날

부생모육 그 은혜는 하늘 같이
높건만은

우리는 그 은혜를 얼마나 감사하며
효행으로 살고 있나요

오늘이 5월 8일 어버이날
가게마다 싸여있고 손에 손마다 들고 가는
카네이션 꽃바구니

효심 가득 담아드릴 저 꽃바구니들
보기에도 흐뭇하네요

효심 가득 담긴 저 꽃바구니 받으시며
기뻐하시는 이 가정 저 가정의

어버이들 흐뭇해하시는 모습이
보이는 듯 하네요

이 귀한 인간만의 권리행사
어찌 오늘
하루의 행사만 이겠습니까

가신 후에 후회 말고 살아생전 효도 하세요
하나님이 복을 주고 자식들이 효도하지요

부모

그 눈에 익은 들길
손 흔들며 지나가는 바람도
눈길 한번 주지 않고
뙤약볕 아래 평생을 논밭 일구어서
子息들 다 제 세상길로 들어서게 하시고

그 자식들
제 자식 낳아 기르며
흰머리 늘어가는 부모가 되어도

늙으신 부모님의
자식들 사랑하는 일은
날마다 앞산 넘어가는 세월처럼
지칠 줄 모르는 것 같습니다

자식들 아프면 더 많이 아파하시고
자식들 웃으면 잔잔히 미소 지으시며

자식들 삶 속에서
그 작은 몸과 마음 다 녹여 버리셨던
눈물겨운 아버지와 어머니

그렇지만
부모님에게는 품 떠난 자식들이
어려움인가 봅니다

지금까지도 부모님의 땀과 눈물 먹고
살았던 자식인데
그 자식들을 앞세워 가며 늙으신
부모님을 뒷전으로 밀어내셔도
전혀 서운한 내색 아니하셨고

오히려 자식들에게 짐이 될까봐
부탁 한 번 못하시던
부모님 이시였습니다

우리 가족

눈이 쌓이는 추운 겨울밤
산골 마을 외딴집 사립문에
등불 하나 켜져 있네요

아마 그 등불
아직 돌아오지 않은
아빠 아니면 아들 좌우간
가족을 기다리는 등불일 것입니다

할아버지 할머니 아빠 엄마 아들 딸
손자 손녀 이모 삼촌 숙모

생각만 해도 포근하고
행복해지는 이름 사랑하는
우리가족입니다

우리 인생길

아침에 해가 뜨고 저녁에 해가 지는 사이 잠깐의 삶을
우리는 짧은 하루길이라고 하지요

이 하루들의 이어진 잠깐의 세월을 우리는
인간의 한 생애라고 합니다

하루 길 같은 짧은 인생길을 걷는 친구들아
내 말 좀 들어보시게나

되돌아갈 수 없는 당신이 걸어온 길 뒤돌아다보면
반듯이 발자국(足跡)이 남는 법

당신의 인생길은 어떤 발자국이
그려졌습니까

공부할 때 고통은 잠깐이지만 못 배운 고통은
평생이라 하지 않던가요

힘써 좋은 족적을 남기기 위하여
오늘일 내일로 미루지 맙시다

오늘 걷지 않으면 내일은
뛰어야 하니까요

세월열차歲月列車

누가 말했던가 한 번 탄 세월열차
되돌아올 차표가 없다고

나를 태운 세월열차 달리는
차창 너머로 달려온 길 되돌아보니

희비애락(喜悲哀樂) 나의 어제들이
자꾸만 멀어만 가네.

타고 내리는 60역 70역 기차역에서
내 친구 하나둘 내려놓더니 더 빠른
속력으로 잘도 달려가네

경부선 고속열차 이보다 더 빠를까
벽에 걸린 "세월시계"는 고장도 잘나는데
나를 태운 세월열차 고장도 없네

歲月아 歲月아

세월아 세월아
무심한 세월아

요즈음 들어 왜그리
빠르게 달리는 거냐

과속을 단속하는 경관을
부르고 싶구나

나 정말 쉬엄쉬엄 가고 싶구나
나를 두고 너 먼저 갈 수 없느냐

생각해 보시게나

말도 탓도 흉도 많은 사람들아
우리 한번 생각해 보시게나

이 세상에 가장 나쁜 사람이라
손가락질 받는 사람도
인간적인 아름다운 점도 있는 법

이 세상에서 가장 성인대접 받는
사람도 자세히 보면
수많은 죄와 오점이 있는 법이라네

당신은 지금 칭찬과 험담사이
줄을 그어 놓으면
어느 자리에 설 수 있다 생각하시나

우리 영혼에 묻은 때 오직 예수의
피로만 씻어 깨끗하게 할 수 있는 법이라네

우리 모두 썩어가는 육의 습성 내던져
벌리세나, 항시 회개하며
예수의 피로 고백하며 살아야하네

하늘과 땅 자연처럼

저 자연을 보아라, 허례허식이 있는가
정직하고 창조주의 뜻대로 수 억 만년을
그렇게 의연하게 흐르는 저 강물을 보아라

저 정직한 달을 보라, 수 만년 착오 없이
보름달 초생달로 바꿔가면서 어김없이
비추어주는 저 달을 보란 말이다

늦은 가을 모든 옷을 벗어버린
가을 나무들은 어떠한가
추운 겨울을 견뎌내고 봄을 맞아 파릇파릇
돋아내는 가지의 희망의 새싹들

저 하늘의 정직한 구름은 어떠한가
오만가지 모양을 바꾸면서 떠다니다가
이른 비 늦은 비로
생명의 원천이 되어주는 저 섭리

탐욕도 거짓도 서두름도 없이 의연한 저 자연들
만물의 영장인 우리 인간들아, 저 자연을 배우자
저 자연의 섭리같이 정직하게 살자꾸나

하나님만을 향하게 하소서

해바라기 꽃이 해 만을 향하듯이
달맞이꽃이 달 만을 향하듯이

오늘도 내 마음 하나님과 진리의
말씀을 향하게 하소서

그곳으로부터 위로와 기쁨과 소망의
열매가 맺어지게 하소서

오늘도 이 삶에 주시는 축복으로 인하여
영광 받으소서

부유와 풍족 중에서도 불만과 불행을
토로하는 자가 있고

궁핍과 환란 속에서도 만족과 기쁨을
노래하는 자가 있나이다

행복은 진실로 내 마음의 긍정적인
자세에서 비롯됨을 알게 하소서

하나님만을 바라보는 신앙은
항상 그것을 가능하게 하나이다

3

항상 좋은 생각만

희 망希望

희망은 삶의 빛이요
우리의 삶을 받쳐주는 기둥이다

희망은 용기의 어머니요
우리를 키워주는 유모이다

희망 잃은 사람은 생명 잃고
물에 떠내려가는 물고기와 같다

개인이나 가정이나
국가나 인류도 매 한가지다

칭찬 그리고 비판

칭찬받아 싫어하는 사람 어디 있겠는가
칭찬은 기쁨이요, 자랑이다

그러므로 칭찬은 누구에게나 공개적으로
감성적으로 많이 할수록 좋다

그러나 비판은 자기를 위하여 필요한 것이나
자칫 자존심이 상할 수도 있으므로
개인적으로 이성적으로 하여야 한다

그래서 비판은 자존심을 상하게 하는 경우가 있으나
칭찬을 많이 해서 손해 보는 일은 없다
칭찬도 아부와 구별되어야함은 물론이다

나는 한 평생 교직에서 제자들에게 하도 많은
칭찬과 비평을 한 사람이다
칭찬은 위대한 힘이 있다, 그때 그 제자에게 한
한 마디 칭찬이 그 인생을 바꾼 일이 허다하다

그때 그 사람에게 그 칭찬을 해주었을 걸
그때 그 사람에게 충고 한 번 해주었더라면
아니다, 우리의 내일에 후회하는
그때가 바로 지금이다

오늘 지금
내 사랑하는 이웃들에게 많은 칭찬을 하자

내일이 없다면

나는 50평쯤 되는 옥상에
옥상농장을 만들고
각종 꽃과 작물을 재배한다

어느 날 물을 주다 실수하여 국화 화분 중
하나의 국화의 허리를 부러트렸다
미안한 마음 가장자리에 버리다시피 놓고
물은 주었다

그 일이 있은 후 얼마 후에 우연히 들여다 본
그 국화 화분은 나를 깜짝 놀라게 했다

부러진 옆구리에서 여러 새 가지가 뻗어나
오히려 더 보기 좋은 멋있는 국화 화분이
되고 있었다

오늘 슬피 울 일이 있어도, 분노가 차 있어도
우리 인생 내일의 희망이 기다리고 있다는 사실
한 포기 국화 화분은 교훈이 되고 있었다

만일 우리에게 추운 겨울이 없다면
따뜻한 봄의 고마움을
못 느낄 수도 있을 것이다

우리들에게 역경을
경험 없이 얻은 성공이라면
그처럼 환영받지 못할 것이다

그 때

금맥 찾아 100m 넘게 파고 들어가다
실망하고 포기한 폐광 주인들아

그때 당신이 포기했던 그때 말일세
좀 더 인내하고 1m만 더 파고 들어갔더라면

그때 거기로부터
1m전 말일세

당신이 찾았던 노다지가
거기 있었을지도 모르는데

당신이 실망하고 포기했던
바로 1m 남겨 놓은 그때 말일세

도전

도전 없는 인생 그 결과를
기대할 수 없습니다

물론 도전이란 불안하지
않을 수 없습니다

상상으로 보이는 미래의 성공을
향하는 일이기 때문입니다

그러나 도전의 기회가 오면
기회를 놓치면 안 됩니다

시작 없는 결과는 없는 법
용감히 도전하여야 합니다

눈에 확실히 보일 때까지
기다리려는 겁쟁이는
후회만 남는 법입니다

따뜻한 우정

혼자 살 수 없는 사회적 동물이
우리 인간이기에
우리는 도움을 주고 받으며
살아야 합니다

고통, 번민이 많은 사망의 골짜기가
우리 인간이 걸어야할 길이기에

어려울 때 외로울 때 네 손 잡아주고
내 손 잡아주며

살아가는 우정이 있다면
우리는 아름다운 행복의 삶
모습이 될 것입니다

받으면 주고 싶은 것이 인지상정
내가 먼저 손을 잡아 줍시다

그 우정은 산울림이 되어
내게로 되돌아 올 것입니다

똥단지 같은 사랑

아내를 남 달리 사랑한다고 소문난 사람에게
하루는 친구가 물었다

자네는 사랑의 애처가로 소문이 났는데
아내가 얼마나 미인이면 그처럼 사랑하나

이 사람아, 그 이유를 알고 싶은가?
나는 아내를 똥단지 같이 사랑한다네

똥단지 같은 사랑이라니
어떻게 사랑하는 사랑인지 자세히 설명해주게

똥단지는 깨지지 않게
조심히 다루어야 하는 것이네
깨져보게 그 냄새를 어찌 감당하겠나

그래서 나는 조심조심 똥 단지 같은 기분으로
아내를 사랑한다네

망설임

나의 성공을 가로막는 적은 망설임이다
우리에게 모처럼 찾아온
기회를 놓치게 하는 것이
망설임이다

우리는 매일 매일 해야 할 일이 있고,
그때가 아니면 잡을 수 없는 기회가 있다
이 기회를 잃게 하는 것이
망설임이란 말이다

오늘까지 쉬고 내일부터는 열심히 공부할 거야
내일부터는 하루에 몇 페이지라도 독서할 거야
내일부터는 정말 담배를 끊을 거야
내일가면 또 내일이다

마음 먹은 생각을 실천에 옮길 수 있는
유일한 방법은
오늘 그냥 즉시 실천해야 하는 것이다

망설이는 사람은 도전이 없고
도전이 없는 사람은 새로운 만남이나
새로운 기회도 함께 없어진다

오늘 일 내일로 미루지 말자
망설임은 오늘 할 일을 내일로
미루게 하는 사탄이다

바라보고 있네

지금도 내 사랑하는 자녀들이
우리를 바라보고 있네

지금도 내 사랑하는 자녀들이
내 모습을 배우며 자라고 있네

부모에 효하고 시부모에 순종하는
모습을 바라보며 자라고 있네

당신은 당신의 사랑하는 자녀가
어떤 모습으로 자라기를 원하십니까

지금도 자녀들은 우리를 바라보며
배우며 자라고 있네

받은 복을 헤어보아라

욕심꾸러기 너 인생들아
너는 왜 행복의 눈을
감고 사느냐

네가 받은 복을 헤어보아라
너는 행복을 노래하며 살아야 하리라

너를 자념(慈念)하시는 부모가 계시고
부부, 아들, 손자, 며느리 그리고
수족 같은 형제도 있지 않더냐

물어보자, 너는 왜 불만 하느냐
끝없는 행복의 주인공인데도 말이다

네 마음 속 끝없는 탐욕이 원인이었구나
밑 빠진 항아리는 아무리 퍼 부어도
채워지지 않는 법

지금 당장 우리의 마음속 탐욕(貪慾)을
버리자꾸나, 그리하면 복에 파묻혀 살고 있는
내 모습이 보여지리라

사랑은 행복의 열쇠

우리는 밥을 못 먹으면 살 수 없듯이
사랑을 못 먹으면
역시 살 수 없는 존재입니다

우리가 사랑을 받을 때 행복된 것 같이
사랑을 줄 때도
역시 똑같은 행복이 됩니다

나에게 사랑을 줄 대상이 없을 때 불행한 것 같이
내가 사랑을 줄 대상이 없을 때도
역시 불행하다는 말입니다

사랑은 우리 인간을 행복하게 하는
열쇠인 것입니다

당신은 지금 사랑을 받을 수 있고 줄 수 있는
대상이 있다는 것 참으로 축복입니다
힘을 다하여 사랑하십시오
행복을 느끼십시오

알면서 왜 그리 어려운 가요

우리가 살면서 나누면 나눌수록
커지는 것이 무엇일까요?
그것은 기쁨이요, 행복입니다!

그러면 나누면 나눌수록 작아지는
것이 무엇일까요?
그것은 슬픔입니다!

우리들은 이 귀한 진리를 알면서
실천 못하는 딱한 모습 아닙니까

우리들 서로 서로 나누며 삽시다
실천하며 삽시다

저 딱하고 장한 모습

수세미 빨래집게… 다 팔아도 몇 푼 안 될
초라한 물건 손수레에 싣고

고무바지로 아랫도리 감싼 채
수레를 미는 힘겨운 앉은뱅이 장사

내 물건 팔아주소 말 대신 노래로 애원하는
꽃피는 동백섬에… 노래 소리 처량하게 들린다

저 인생 불행 절망 포기도 하련만 최선을 다 하는
저 모습이 어찌 대견하다 하지 아니 하겠는가

우리 가정 쓰는 물건 너도 나도 모두가 팔아주면
좋으련만 본체만체 모두들 지나쳐 가네

오늘도 이러다간 저녁끼리 어찌하나 걱정하는
저 앉은뱅이 마음이 읽어지네

많이 받고도 하나 모자란다 인생을 불평하는
친구 친구들아 저 모습 다시 보자 행복 찾아라

화 합和合

화합이란 하나되는 것
화합이란 평화를 뜻하는 것
화합이란 조화를 이루는 것이다

서로 다른 소리들을 조화롭게 화합시켜
아름다운 소리가 되게 하는 악기를
하모니(화합)카 라고 한다

행복한 부부, 행복한 가정을 이루는 비결은
서로 다른 사람, 서로 다른
개성, 성격, 인격들이 만난 하모니(화합)이다

서로 다른 물감들이 화가의 붓끝으로
조화롭게 화합시키는 것이
아름다운 미술작품이 되는 것 같이 말이다

우리 가정은 물론 우리 국민
이 지구 나라들까지 화합될 때
이 세상은 평화가 될 것이다

탁구공과 같은 것을

던지면 반드시 되돌아오는
탁구공

인간관계도 그와 같거늘
사람들아, 어찌하여

나는 줄 줄을 모르면서
받으려고만 하는 것이냐

사랑을 받고자 하면
내가 먼저 사랑하여야 하고

대접을 받고자 하면
내가 먼저 대접하여야 하는 것을

내가 던진 사랑의 공은
배가 되어 돌아오는 법

내가 먼저 사랑하자
내가 먼저 대접하며 살자

좋은 책

이 세상에는 많은 책이 있다
지금도 이 세상에는 많은 책이 만들어지고 있다

그러나 그 책 모두가
우리의 양서가 되는 것은 아니다
좋은 책을 선택하여야 하는 일은
너무도 중요하다

좋은 책에서는 좋은 향기가 날뿐 아니라
그 책에서 만난 한 구절이
그 인생 삶의 태도를 바꾸어 준다

뿐만 아니라 그 책에서 얻어진 좋은 향기가
옆 사람까지도 행복하게 하여준다

아무리 바쁠지라도 책을 읽자
독서의 습관을 기르자
독서를 통해서 한 걸음, 한 걸음
새롭게 꽉 찬 인격이 되자

항상 좋은 생각만

그렇습니다
이 세상에 피는 꽃은 가지각색의
많은 꽃들이 있습니다
사람의 취향은 다양해서
좋아하는 색이 다릅니다

저 넓은 바다는 동서 사방에서
강을 통해서 받아들이는 물이
깨끗한 물, 더러운 물 가지가지의
물을 가지고 있습니다

우리 인생의 마음속에서도
세상의 다양한 자극에 따라
기쁜 마음, 슬픈 마음, 괴로운 마음, 분한 마음,
불안한 마음, 미운 마음, 사랑의 마음,
격한 마음 등으로 가득 차 있습니다

그런데 중요한 것은
우리가 어느 마음을 마음에
항시 품고 사느냐에 따라
그 인생이 행복한 삶이 되느냐,
불행한 삶이 되느냐 하는 원인이 되는 것입니다

우리는 그 중에
가장 좋은 마음 하나를 택하여
항시 생각하고 살 때 우리는
幸福된 삶이 될 수 있습니다
나는 그렇게 살려고 노력하고 있습니다
지금도 나는
감사한 마음으로 넘치고 있습니다

4

웃음의 덕목

주어진 100년 시간

우리 人間에게 하나님께서는 공평하게
소중한 時間 100년을 부여하셨습니다

100명의 토기장이 장인들에게 공평하게
재료를 나누어주고 작업을 시작하게 하였다면

토기장이의 성실도에 따라 우량한 그릇,
불량한 그릇으로 만들어지는 것 같이

우리 인간 역시 주어진 100년 시간을 어떻게
사용하느냐에 따라 그 人間성패가 되는 것입니다

당신은 하나님으로부터 부여받은 이 소중한 시간을
어떻게 사용하고 계십니까

이 100년 시간을 얼마나 소중히
사용하시고 얼마나 남아있습니까

우리에게 주신 이 백년은
너무나 소중한 生命입니다
남은 時間 당신은
알뜰히 사용하셔야 할 것입니다

소중한 내일來日

똑딱 똑딱 시계의 초침소리
빠른 세월을 우리에게
알려주는 교훈(敎訓)의 소리

저 소리 박자 맞춰 지금 우리는
미지(未知)의 내일(來日)을 향하여
걸어가고 있는 것이다

이렇게 너와 내가 걷고 있는 이 길은
그렇게 앞서 살다 죽어간
그분들이 걷던 길이다

걷다 갔고, 걸어가고, 또 뒤따라
걸어야 하는 이 세월의 길은
이렇게 소중하고 아까운 내일의 길인 것이다

희노애락(喜怒哀樂)
너와 나의 잠시 느끼는 오늘은
우리도 그렇게 두고 가야 할
내일인 것이다

뒤따라 걸어야 하는 후행(後行)들아
이 짧고 잠깐인 여행길
아름다운 족적의 내일로
남겨야 하는 것이다

이 길이 이처럼 잠깐이고
이처럼 소중한 길이었음을
나는 이제야 알았구나

사랑 사랑 사랑

왜 우리는 꼭 인간을 통해서만
사랑을 주고받는 것으로 생각하십니까

사랑의 대상이 인간만으로
한정하지 말라는 말입니다

꽃도 사랑하고, 동물도 사랑하고,
나무도 사랑해 보세요

이 모두들이 내가 준 사랑만치 되돌려
반드시 보답하게 되어 있습니다

꽃 한 포기도 사랑하지 못하는 사람이
진정 인간을 사랑할 자격이
있는 것으로 생각하십니까
아닙니다

우리의 주위에는 나의 사랑을 목말라
기다리는 것들 뿐입니다

모두모두 사랑하면서 사랑에 파묻혀서
살아봅시다

바보가 아니신가요

바보 그분은 바보이지요! 왜냐고요?
푼수 없는 바보가 아닌 바에,
그처럼 자기 것 전부라도 아낌없이
퍼주기를 좋아할 수 있습니까?

그것도 아무런 댓가도 바라지 않으면서
때로는 목숨까지도
아낌없이 내어줄 정도이니 말입니다

경제학적 사고로 생각해 보십시오!
그분은 정말 바보가 아닙니까?
모두모두 퍼주기를 좋아하는 바보 말입니다

그분 그 바보의 이름이 누구냐고 물으셨습니까?
그분의 이름은 어머니입니다
그 어머니를 지금 크게 불러봅니다

"어머니……"

내 마음은 그릇이다

내 마음은 온갖 것을 담을 수 있는
그릇이다

그릇은 무엇이 담겨 있느냐에 따라
귀한 그릇도 천한 그릇도 된다

금을 담으면 금그릇
밥을 담으면 밥그릇
물을 담으면 물그릇
똥을 담으면 똥통이 된다

내 마음 그득 욕심 다 비워버리고
담자 채우자 귀한 것으로

사랑도 담고
말씀도 담고
찬송도 담고
희망도 가득 담자

넘치도록 가득 채워
귀한 그릇되자

성령이 기뻐 머무시는
귀한 그릇이 되자

행복의 이치

우리들이 그처럼 추구하는
행복의 이치를 나는
이제 알았습니다

내 행복은 내 마음에서
내 마음으로만 느낄 수 있는
보화라는 것을

밑 빠진 항아리에는 아무리
쏟아 부어도 채워질 수 없는 법

밑 빠진 내 마음은 아닌지
다시 한 번 생각합시다, 내가 받은 감사조건
얼마나 많습니까

행복은 감사하는 마음속에 담기는 법
감사하며 살아갑시다

이미 지난 일은 생각도 말아야 하오
당신은 왜 돌아오지 않는 일까지
근심합니까

오늘 일, 오늘 기도하고
감사하면서 최선을 다합시다
행복의 새는 항상 내 마음에 머물러
노래할 것입니다

구형이라니 어찌하겠소

바람 빠진 축구 볼은 새바람 넣으면 탱탱해지고
시들은 풀잎은 새로 물주면 싱싱합니다

바람 빠진 축구공이 무슨 걱정이며
시들은 풀잎이 무슨 걱정이 있겠습니까
보충할 바람과 물이 있는데

어쩌면 좋습니까
언제부터인가 바람 빠지는 소리가
내 귀에 들리는 듯하지 않았겠습니까

그런데 지금은 이 몸 어디엔가 구멍이 났는지
바람 빠지는 소리가 곧잘 들리니 말입니다

친구여, 당신도 바람 빠져 가는 풍선 같이
팔다리가 흐느적거리지는 안 하시는지요

바람 빠진 공과 같이 시들은 풀잎같이 우리 몸도
새바람 넣어 싱싱하고 싶어 하는 우리를 보고

누군가 이 모습을 어리석다 미소 짓는 것 같구려
당신의 기계는 구형이어서 너무 오래된 구식이어서

새바람의 부품이 없는 것을 왜 모르느냐고
그렇구나, 앞만 보고 달리다 보니
유행 지난 구형인 것을 몰랐구나

어찌하겠나
갈아 넣을 부품의 바람이 없다 하니
그냥 그대로 움직여 그날까지
기름칠이나 잘 하면서 끌고 갈 수밖에!

만남

당신은 얼마를 사셨습니까
산다는 것은 끊임없이 만나고
끊임없이 헤어지는
연속이더란 말입니다

심술궂은 만남이라는
여신!
만나고 싶은 사람은
만날 수 없게 하고
만나기 싫은 사람은
만나게 하니

사랑하는 사람인데 왜
그리워 못 견디게 하며
만나기 싫은 사람은 만나
불행의 씨앗이 되게 하나

사랑으로 만나고
사랑으로 헤어지며
믿음으로 만나고
믿음으로 헤어지는
그래서 삶이 즐거움이
되어야 하지 않겠는가

내일이 있습니다

우리의 일상에는 절망할 수밖에 없는 일들을
얼마나 많이 만나며 삽니까

그러나 절망하지 마십시오
절망은 어리석은 자의 죄입니다

얼어붙은 겨울 길을 걸어보셨나요
말라 누워있는 누런 잔디의 풀잎

다시는! 하는 절망의 끝이라
생각되어 보시지는 안 하셨습니까

그러나 그 어느 봄날 그 풀들이
모두 일어나 파릇파릇 커가고 있었습니다

그러므로 오늘을 쉽게
절망하는 사람은 어리석은 죄악입니다
내일이 있기 때문입니다

세월아! 물어보자

우리는 공기를 마시며 공기 없이는 살 수
없으면서 고마운 공기를 볼 수 없는 것 같이

우리는 세월이라는 별명을 갖는 너, 원망스러운
시간을 본 사람은 이 세상에 한 사람도 없구나

사람들에게 그리움을 주고 외로움을 주고
두려움을 주는 너 시간아

너를 볼 수 없는 우리는 우리 나이의 계수로
네 모습을 짐작할 따름이구나

오늘은 네게 물어보자
그처럼 곱던 내 모습 흰머리 주름짐이
분명히 너 시간의 심술이 아니더냐

창조주의 섭리를 집행하는 집행관 일뿐
인간의 오해라고 강변할 것이냐

나는 오늘 아침 세수하고
거울을 바라보며 너에게 물어본다
속 시원히 대답하여 주려무나

웃음의 덕목

우리는 기쁠 때 웃음이 나오고
슬플 때 울음이 나온다

웃을 때 "엔돌핀"이 나오고
울을 때 눈물이 나온다

눈물은 마음 속 슬픔을 덜어내고
"엔돌핀"은 우리 몸의 건강을 돕는다

그래서 옛말에도
소문만복래(笑門萬福來) 라고 했다
웃는 문에 만복이 들어온다는 것이다

웃음의 종류도 다양하다
귀여운 손자의 재롱으로 웃는 웃음
코끼리 재롱으로 웃는 웃음
코미디가 웃기는 웃음
요즘은 억지로 웃게 하는
웃음 치료소도 있다 한다

우리에게 웃음은 보약이다
웃음은 마음을 내려놓게 한다
웃음은 화를 풀게 한다
웃음은 무거운 마음을 가볍게 한다
절망을 희망으로 바꾸게 하는 묘약이다

웃으며 살아야 한다
웃으며 살자
소문건강래(笑門健康來)다

말言語 한마디

우리가 무심코 던진
말 한마디는

너와 나를 기쁘게도
슬프게도 상하게 하기도
아물게 하기도 하는 것이다

이 한 마디는
너와 나는 물론
자라나는 자녀들의
긴 인생을 만들기도 한다

우리가 항상 생각하고
또 생각하여 좋은 말만 골라서
하여야 할 이유가
여기에 있습니다

그냥 좋은 사람

내가 좋아하는 사람
굳이 무엇을 꼬집어
말할 수 없어도

그냥 좋은 사람
느낌이 좋은 사람

나는 그런 사람을
갖고 싶다

나는 그런 사람이
되고 싶다

상병신

손이 굽어 병신인줄
알았습니다

발이 절어 병신인줄
알았습니다

손과 발이 성하면서 상병신이
있는 줄을 미처 몰랐습니다

날 버리고 떠난 임 오매불망
못 잊는 병신이

병신 중의 상병신인줄
알았습니다

우리의 눈물

울음이란 우리에게 창조주께서 주신
감사한 배려라 할 것입니다

마음속에 차오르는 슬픔을 뱉어 버리어
건강케 하시려는 방법이 되기 때문이다

당신도 울어 보시었나요 지금 울고 싶습니까
당신의 울음 넘어 그 울음의 제작자를
바라볼 수 있어야 합니다

혼자 울지 마십시오 혼자 우는 울음은
그 슬픔이 배가 되어 당신을 깔리게 합니다

"밤새도록 애곡 하니 눈물이 뺨에 흐름이여
사랑하던 자 중에 위로하는 자가 없고
친구도 다 배반하여 원수가 되었도다"(애 1 : 2)

엄마 품에 우는 아이 모두 다 해결되듯
하나님 앞에서 회개하며 우십시오

그 눈물은 당신의 내일을 풍요롭게 합니다
보석이 되는 위대한 통역관이 되기도 합니다

5

나는 흙을 사랑합니다

굴뚝 연기

산골마을 외딴집 오막살이
낮은 굴뚝

저녁연기 뭉게뭉게 하늘로
구름 되네요

십리길 시골장날 콩과 팥 팔러간
큰아들 기다리며

청솔가지 아궁이에 꺾어 넣어
저녁 밥 짓는 어머니의 사랑모습
보이는 것 같네요

시골산골 오막살이 낮은 굴뚝
저녁연기 잘도 피어오르네요

머물다 떠난 자리

아름다운 봄이
머물다 떠난 자리
꽃잎 다 떨어지고 열매가
맺어지더라

찬 서리 찬바람 가을이
머물다 떠난 자리
가지 가지마다 탐스러운
열매들이 익어가더라

인생 또한 100년을 머물다
떠난 자리
어떤 이는 위인으로
어떤 이는 악인으로
역사가 남게 마련이거늘

당신은 떠날 날이 얼마 됩니까
당신이 머물다 떠날 자리
어떤 흔적으로
떠나려 하십니까

존경받고 싶으면
먼저 존경하십시오
이해받고 싶으시면
먼저 이해하십시오

용서받고 싶으시면
먼저 용서하십시오
섬김을 받고 싶으시면
먼저 섬기십시오

남에게 대접을 받고자 하는 대로
너희도 남을 대접하라 (마 7 : 7–12)

가을 나무

풍성했던 푸른 계절
그 여름을 그리워하며

찬바람 된서리에
잎새 모두 떨구어 이별하고

벌거벗은 알몸 되어
쓸쓸하게 서있구나

가지 끝 몇 잎 남은 잎새마저
심술궂게 흔드는 찬바람에
너 서러워하는구나

참아라, 견뎌라, 슬퍼하지 말아라
너 앞에 보이는 사나운 동장군
저 너머로

따뜻한 봄바람이 너를 위해
뒤따르지 않느냐

귀뚤귀뚤 귀뚜라미

귀뚤귀뚤 귀뚜라미
밤을 새워 귀뚤귀뚤

도망가는 여름 계절
네 아쉽다, 송별송이냐

서늘한 가을 소식 미리 알고
환영송이냐

아니면 찬서리 미리 예감
염려하는 하소연이더냐

너희들 풀벌레 합창소리에
멀리서 다가오는 가을이 보여진단다

바람아 바람아

바람아 바람아 나는 너를 심술쟁이라
미움도 원망도 많았단다

그러나 지금 나를 흔들리지 않는
장한 나무라 칭찬 받을 때마다

이 영광을 너에게
돌려주고 싶었단다

네가 내게 준 고난은 나의 영혼
나의 뿌리를 그렇게 경고케 했지

그래서 나는 항상 변화해야 했단다
새로운 바람에 그렇게 견뎌내면서

나는 내일도 모래도 그렇게 살련다
긍정적인 사고로 내일을 바라보면서
그렇게……

떠난 봄

작년에 떠난
계절의 봄은 어김없이
또 다시 순환하여
되돌아오지만

한 번 떠난 우리 인생의
청춘의 봄은
다시 돌아올 줄 모른다오
바보같이

하루의 계획은 새벽에 있고
일 년의 계획은 봄에 있다하지
안 하는가

우리 인생의 소중한 봄은
청소년 꿈나무들 일진데

이 소중한 봄, 청소년들아
일촌의 촌음도 소중한 줄
알아주려무나

땅

땅은 얼마나 겸손한가
낮은 곳에 엎드려 겸손한 자세로

모두가 밟고 가도
불평을 안 할 뿐 아니라

쓰레기나 온갖 못 쓸 것을
버려도 받아들이면서

아름다운 꽃을 피워주며
열매를 맺어주니 말이다

허수아비

양평 땅 도로변 논바닥에
근래 보기 드문 허수아비가 홀로 외로이 서 있어
차에서 내려 가까이 관찰하면서
무언의 대화를 나눈 일이 있었다

너 어디에서 그런 누더기 옷을 구하여 입었느냐
쓰고 있는 밀짚모자 그 또한 절반이 떨어져 버렸고
가관이구나

허수아비야, 물어보자
네 아들 "허수"는 어디서 무엇을 하고 있기에
제 애비 저 모양을 보고만 있단 말이냐

알았다, 불효자식 그놈 원망 이전에
내가 교육 잘못시킨 내 탓이라고
자식 체면을 세워주려 하는 것 같구나

인과응보(因果應報)라 하였다
내가 보니 허수아비 네 자식
"허수"의 말년도 네 모양 그 꼴이 될 것이 뻔하구나

겨울 산의 나목裸木

이 추운 겨울바람에 벌거벗고 서 있는
겨울 산의 나무, 너희들 나목을 바라보고 있다

가지들마다 그처럼 무성했던 풍성한 잎들을
모두 버리고 벌거벗은 알몸 되어
모진 바람 견디고 있구나

지혜(知慧)스럽구나 경의(敬意)롭구나
과감히 버려야 새봄의 축복을 담을 수 있는
지혜를 어디에서 배웠더냐

그처럼 미련 없이 버릴 수 있는 용단을
어디에서 배웠느냐는 말이다

너희들 앙상한 가지들 악기의 현이 되어
생생부는 겨울바람 오히려 "바이올린"의
음률같이 들리는구나

나는 오늘 너희들로 인해 버리고 비우지 않고서는
새로운 것을 담을 수 없다는
귀한 진리를 배우는구나

나도 오늘부터 돌아올 내 봄을 바라보며
미움과 욕심을
버리는 노력에 힘쓰려 한다

닭

나는 마당가 퇴비장을 두 발로 헤치며
먹이 찾는 닭들을 바라본다

나는 저렇게 큰 덩치, 저렇게 큰 날개를 가지고도
날지도 못하고 땅만 바라보고 사는 너희들을
불쌍한 병신같이 생각도 되었단다

변변치 못하게 생긴 놈들도 자유로이 하늘을 나는
모습을 보고 너희들인들 부럽지 안 했겠느냐
그 큰 날개를 가지고도 말이다

그랬겠지, 나는 교육을 안 시킨 어미를
원망인들 안 했겠느냐, 아니다 생각하니
네 어미의 자식 사랑이
위대하기까지 느껴지는구나

날카로운 발톱, 억센 다리 그것으로도 충분한데
저 천적들 매, 독수리 등의 위험을 생각하여
나는 교육을 안 시킨 것일 것이다

오늘부터는 어미의 깊은 사랑을 자랑하며 감사하며
건강히 살기를 바란다

五月의 숲

가지마다 새순 돋아 나날이
녹음이 짙어만 가는 오월의 숲

너의 푸른 꿈 고운 자태가
어느 꽃동산에 비유될까

5월의 너 아름다움이 있기에
5월은 계절의 여왕이라 칭송한단다

그래서 여왕의 달 5월에는
어버이날 스승의 날 어린이날
선한 행사로 바쁜 달이 되고 있지

나는 안다, 오월의 숲 너의 아름다움이
우연히 된 것이 아닌 것을

계절의 정상에서 찬 서리 칼바람
슬픈 꽃잎과의 이별 등 숱한 인고를
견뎌낸 승리의 결과임을

수평선 바라보며

무덥던 7월의 어느 날
영정도 선착장 관광선에
몸을 실었습니다

시원한 바닷바람은 상쾌하게
더위를 식혀주었고 먹이를
받아먹는 갈매기 떼도 장관이었지요

저 넓은 바다 멀리 하늘과
맞닿은 수평선 너머로
배 한 척이 어디를 향한 항해인지
멀어지고 있었습니다

순간 내 마음 꺼져가던 모닥불
다시 살아나듯 그리운 불길이
솟구쳐 올랐습니다

왜 그랬느냐고 물으셨습니까
그런 사연이 있었답니다

아득한 수평선 먼 너머에
이 가슴에 그리움 남기고 약속하게
떠난 그 사람이 거기 있는 것
같아서였지요

넋 잃고 먼 수평선을 한없이 바라보며
그때를 생각하다 잠시 눈 감은 순간
수평선 너머로 그리운 그 모습이 보이기로

너무 반가워 두 손 잡다싶어 눈뜨고
일어서니 그 모습은 사라지고 저 멀리 여전
수평선만 아득 하였습니다

거기 수평선 너머로 항해하는 너 배야
그 너머 그 사람 만나거든 안부나 전해다오
관광선 갑판 위에서 그리워하는
이 마음을……

씨와 열매

사람이 무엇으로 심던지
그대로 거두리라

우리를 다스리시는 절대자의
섭리입니다

당신은 살면서 매일같이
무슨 씨를 심으시며 살아가십니까

成功자는 모두 긍정적인 씨를
심은 사람들입니다

오늘의 나의 삶은 어제 내가 심은
씨에서 자란 열매입니다

우리는 주님을 향한 절대 확신의 씨를
뿌리며 살아갑시다

"열매가 익으면 곧 낫을 대나니
이는 추수 때가 이르렀음이니라" (막 4 : 29)

서울의 참새들

동창이 밝아오며
새 하루가 시작된다

창밖 정원의 목련꽃 나뭇가지
새들이 떼를 지어 소리 높여 지저귄다

농촌의 그 좋았던 고향 그리며
농약의 오염으로 떠나온 사연

내 집의 꽃가지가 너희들
토론장이 되는 것은 좋으나

그 아래 주차된 내 차 지붕
매일같이 쏟아내는 너희들 배설

짜증스런 내 마음을
생각이나 해봤느냐

섬과 바다의 대화

바다가 섬을 보고 말했습니다
섬아 네가 섬으로 존재할 수 있는 것은
나 바다가 있기 때문이다

이 말을 들은 섬은 말했습니다
바다야 네가 바다 된 것은
나 섬이 있기 때문이 아니냐

바다와 섬은 수많은 세월을
공존하면서 서로의 은혜를
모르고 지내 왔습니다

그렇습니다, 우리는 혼자 살 수 없습니다
우리의 이웃이 소중함을 모르고 지냅니다

우리의 이웃 모두가 우리의 삶의
도움임을 우리는 알고 살아야 합니다

농촌의 黃昏 무렵

서산에 해가 지는
황혼이 되어서야

겨우겨우 끝난 일손
다정스러운 저 부부

벼 적삼, 벼 잔뱅이
흠뻑 땀으로 젖어 있고

앞서거니 뒤서거니 호미 들고
집으로 향한 걸음

피곤도 잊은 듯이 오순도순
다정(多情)도 하구나

모깃불 연기로
온 집안이 매캐한데

반갑다고 강아지 뛰어나와
주인 보고 꼬리치네

나는 흙을 사랑합니다

우리가 밟고 사는 이 흙이 얼마나 위대한지
당신은 알고 있습니까

흙은 정직합니다
흙은 위대합니다

흙은 콩 심은 데 콩이 되게 하고
팥 심으면 팥으로 키워줍니다

사람이 호미로 쟁기로 갈아 엎으면
얼마나 아프련만 오히려 부드러워집니다

흙은 한 해 중 북풍한설 만고풍상에도
새 생명을 모두 품어 키워줍니다

이름 모를 들풀과 잡초까지도 자기를
내어주는 바다 같은 넓은 가슴입니다

흙은 위대합니다
지구상의 모든 동식물의
먹이를 공급해주는 어머니입니다

우리는 흙의 정직함과 베푼 만치 반드시
갚아주는 참 됨됨들을 배워야 합니다

흙은 위대합니다
나는 흙을 사랑합니다

내 故鄕 겨울 들판

위대하여라 네 모습, 겨울 들판아
너는 넓은 가슴 어머니의 품안 같구나

해해 年年 어김없이 너는
봄바람 따뜻한 햇볕 먹여
새싹 키워 푸른 들판 되게 하였고

가을 결실 너희 모습 황금물결은
우리 마음 풍요와 기쁨 되어 주었다

욕심도 미련도 없이
너는 모두 모두 내어주어
우리들 곡간 가득 생명의 양식되게 하였구나

나는 지금 고향 돌아와
눈 덮인 쓸쓸한 겨울의 들판 너를 바라보면서
또 다른 위대함을 발견한단다

매서운 북풍한설(北風寒雪) 얼어붙은 동토(凍土)
그 견디기 어려운 너의 인고(忍苦)가
돌아올 봄날을 확신하는
꿈(비전)의 힘이 아니더냐

모두 갖고도 더 부족하여
과욕을 채우다 마는 우리 人生
너의 넓은 가슴
너의 인내
너의 꿈의 모습
위대하고 부럽기만 하구나

6

나의 황혼 인생

효孝

孝行은 자연의 섭리이다. 하나님의 뜻이다. 하나님이 주실 축복의 척도이기도 한 것이다.

효경(孝經)에도 孝에 대하여 이렇게 가르치고 있다.

- 부모를 섬기고 봉양하는 것은 효의 시작이요,
- 사회에 봉사하고 국가 발전에 이바지하는 것이 효의 중간이요,
- 심신(心身)을 닦아 후세(後世)에 이름을 남기는 것이 효의 완성(完成)이다.

지금 우리사회의 구석구석 최소한 윤리의식 마저 실종되고 있는 슬픈 기사들이 하루가 멀다하고 신문에 보도되고 있다. 부모들이 자식 위한 욕심은 한 가지다.

기러기아빠라는 용어가 옛날에는 들어본 일이 있었던가? 아내 남편이 아들을 외국에 유학 보내기 위하여 떨어져 살면서 그리워하는 가정을 말한다. 오늘 아침 라디오

방송에서 들은 이야기다.

미국으로 아내와 같이 유학 보낸 자식을 보러 아빠가 찾아갔단다. 기대했던 자식이, 어머니 말에 불순종하고 공부에 힘쓰지 않는 사실을 안 아버지가 분개하여 회초리를 들었단다.

기막힌 일이다. 이 자식은 경찰에 신고하여 아빠는 경찰서에 연행되어 봉변을 당한 일이 있었고 그 후 꾀어 귀국시켜 김포공항에 도착하는 자식을 도착 즉시, 죽지 않을 정도로 체벌했다는 간증이다.

훌륭한 교육을 원하는 부모의 욕심! 자식은 제대로 되어 주어야지! 그러나 인간의 모든 사리가 인과응보(因果應報)인 것이다.

아버지가 할아버지에게 효도하는 것을 바라보며 자란 자식이 그 아버지에게 효도하는 자식이 되게 마련이다. 불효하는 놈이 제 자식에게는 효도하라고 하면 효자가 되겠는가.

효자 김만중의 이야기를 소개한다.

조선 중기 중종 때의 이야기이다. 김만중이라고 하는 사람이 있었다. 그는 병자호란 때에 아버지를 여의고 유복자로 태어났다. 만중은 홀어머니로부터 글을 배웠고 숙부의 가르침을 받아 과거에 합격하여 벼슬길에서 임금님께 직언을 한 일로 귀향을 가게 되었고 김만중은 귀향 가는 것이 슬픈 것이 아니라 늙은 어머니를 홀로 남겨두고 멀리 떠나는 일이 가슴 아팠다.

그러나 만중의 어머니는 아들에게

"걱정하지 말아라. 나는 안다. 네가 잘못이 없는 장한 아들인 것을. 옳은 일을 하고 귀향 가는 네가 자랑스럽단다."

하고 말하였다. 귀향을 간 김만중은 평소 어머니께서 이야기책 읽는 것을 좋아하셨던 기억이 생각나서 어머니를 위로할 수 있는 방법이 떠올랐다.

어머니께서 연속극 같이 읽으실 수 있도록 한글로 쓴 이야기책을 쓰기 시작하였고 만중은 편지와 같이 어머니께 부쳐드렸다. 이렇게 3년 동안 귀향이 풀릴 때까지 위로해드렸고 이렇게 해서 탄생한 위대한 문학작품이 《구운몽》이다.

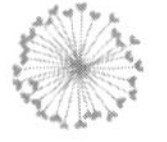

절차탁마 切磋琢磨

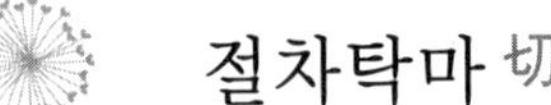

"절차탁마"라는 말은 중국의 고전 시경(詩經)에서 처음 나온 말이다. 한문(漢文)의 논어(論語) 대학(大學)에서도 많이 나오는 단어로

- 절(切)자는 칼로 자른다는 뜻이고
- 차(磋)자는 돌로 간다는 뜻이고
- 탁(琢)자는 옥을 쪼고 다듬는다는 뜻이고
- 마(磨)자는 숫돌에 간다는 뜻이다

"절차탁마"란 돌을 갈고 닦고 다듬어 빛이 영롱한 옥구슬을 만들 듯이 우리 인간도 공부하고 또 공부하여 그리고 수양하고 또 수양하여야 빛을 발하는 人格을 만든다는 것으로 玉石을 갈고 닦는 일로 비유, 가르치는 단어이다.

세계를 제패한 손기정, 황영조 그리고 자랑스러운 금메달의 운동선수 그야말로 피땀의 노력, "절차탁마"의 결과로 빛을 발하는 인물들이다.

성경 이사야 60장 1절에서 말씀하신다. "일어나 빛을 발하라" 라고!! 일어나 빛을 발하는 사람은 어두운 이웃이 모여 올 것이요, 모든 풍부(福)가 빛을 발하는 네게로 임한다는 말씀이다.

그렇다. 빛을 발하는 인간이 되어야한다. "절차탁마" 그 노력으로 말이다. 일하지 아니하고 얻으려는 것은 불한당들의 하는 일이다. 땀 흘려 노력하지 아니하는 불한당은 영원히 쓸모없는 불한당일 뿐이다.

우리 인생은 도장(道場)이다. 교회와 절간만 도장이 아니다. 태릉선수촌도 태권도장도 유도장도 그리고 學을 이루는 學校도 도장이요, 가정도 모두가 도장인 것이다. 태권도장에서 "절차탁마"의 노력 없이 검정 띠, 붉은 띠의 유단자의 빛을 얻을 수 없는 것과 같은 것이다.

"少年은 이로(易老)하고 학난성(學難成)하니 一村의 光陰이라도 불가경(不可經)" 이라 하였다. 소년시절이 어제 같은데 금방 백발 되는 무상한 인생, 한 치의 세월도 가볍게 허송하지 말라는 말이 아니던가.

일찍이 꿈(설계)을 세우고 위하여 切磋琢磨(절차탁마) 할 때에 人間은 빛이 발하고 큰 힘이 생기는 그릇이 되는 것이다.

우리의 삶이란 평생을 배우는 일이요, 일하는 것이요, 사랑하는 것이요, 덕(德)을 쌓는 일인 것이다.

다시 확인하자. 어떻게 하여야 하나님이 명령하신 빛을 바라는 인간이 될 수 있느냐? 그 해답은 부지런히 "절차탁마"의 인생이 되어야 하는 것이다. 열심히 수학하고 열심히 수업하고 열심히 덕을 쌓아서 큰 빛을 발하는 인생으로 살자.

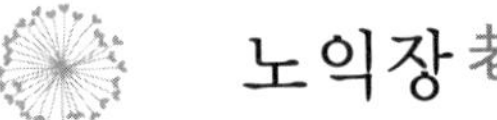

노익장 老益壯

"노익장"이란 후한서(後漢書)에서 나오는 마원전(馬援傳)에서 나온 말로 늙을수록 더 건강하여야 품은 뜻을 이룰 수 있다는 데서 유래한 말이다. 이런 말도 된다. 인생을 오래 산 사람을 노인이라 한다면, 노인은 경험이 많고 그래서 노련하고 재주를 많이 가진 삶 이라는 말도 될 것이다.

그런데 노인이라고 하면 모두들 기력도 쇠하고 쓸모없는 인생으로 치부하고 스스로 그렇게 생각하는 사람이 대부분이다.

나는 어쩌다 80의 노령으로 인생을 생각하다가 나름대로 해답을 정리하는 중이다.

그러다 늙어 꿈이 없고 자신감이 없는 사람이 노인이라면 꿈이 없는 젊은이가 노인과 다를 바가 없고 노인이라도 꿈과 희망을 갖고 있다면 젊은이와 다를 바가 무엇이 다르겠느냐는 것이다.

그래서 어느 날 인류의 역사 중에 "노익장"의 사료를 찾아본 일이 있다. 두서없이 나열해 본다.

- 갈릴레오는 73세에 지동설을 주장하였고
- 피카소는 90세에 왕성한 창작활동을 하였다.
- 조지뮬러는 90세까지 1,500명의 고아를 돌보면서 "나는 행복하다"고 하였다.

나는 기도하였다. 나는 하나님의 능력을 의지하는 노인이다. 열등심을 버리고 "노익장"의 인생이기를 기도하였다.

말 조심

어느 수기에서 경험담을 적어놓은 구절을 보고 공감되었던 기억이 생각난다.

A라는 사람이 길을 가는 데 많은 사람들이 웅성거리며 떠들썩 하기에 무엇인가 보았더니, 길 옆에 이런 간판이 세워져 있더라는 것이다. 내용은《성공하는 비결을 가르쳐 드립니다》

호기심을 가지고 들어가 보니, B라는 사람이

"그 방법을 알고 싶으면 일단 돈을 내야합니다."

라고 하여 A라는 사람은 돈이 그렇게 큰 금액도 아니어서 돈을 지불했다. 그러자 B라는 사람이 조용히 다가와서 A의 귀에 대고 비밀스러운 어조로 속삭이며

"말 조심해."

하더라는 것이다.

웃기는 말 같지만 심오한 뜻이 들어있는 진리라 생각이 되었던 기억이다. 참으로 말 한마디 세치도 못 되는 혀의 놀림이 성공하게도 하고 실패하기도 하게 하는 것이다.

성경말씀(잠언 : 17 : 20~22)에는

"마음이 사특한 자는 복을 얻지 못하고, 혀가 패역한 자는 재앙에 빠지느니라. 미련한 자를 낳는 자는 근심을 당하나니 미련한 자의 아비는 낙이 없느니라. 마음의 즐거움은 양약이라도 심령의 근심은 뼈로 마르게 하느니라." 라고 하였다.

혀는 작은 우리 몸의 지체이지만 큰 배의 방향을 잡는 작은 키와 같은 것이다. 뱉은 말은 다시 주워 담을 수도 없는 것이다.

요즈음 국회 청문회에서 말 한 마디로 불행의 원인이 되는 것을 보게 된다. 자식이 부모에게 부모가 자식에게 한 마디의 실언은 평생 기억이 되어 행복의 거름이 되는가 하면 노여움이 되어 부모의 골수를 마르게 하는 불효가 되기도 한다.

노래

노래는 어느 가사에 곡을 붙여 소리 내어 부르는, 그래서 인간의 감정을 표현하는 하나의 예술이라 하겠다. 독창곡, 중창곡, 합창곡으로 부르는 가곡(歌曲), 고려 말부터 발달하여 불려졌다는 시조(時調)는 그 형식에 따라 평시조, 엇시조, 사설시조, 연시조 등이 있으며 어렸을 때에 동리 어른들이 부르시던 시조 소리가 지금도 귀에 쟁쟁할 정도로 옛날 어른들은 많이들 부르기도 하셨다.

우리의 감정을 호소하는 노래는 인간에게 위대한 동력이 되는 신비한 능력이 있다. 그래서 어느 누구도 아니, 세계 어느 나라도 노래 없는 나라가 없다. 기쁨의 표현도 되고 슬픔의 표현도 되며 애환도 달래주는 이 노래야말로 우리 인간의 삶에 없어서는 안 되는 조건이라고나 할까?

특별히 신의 영력(靈力)이 담겨진 찬송가는 각종 어려움과 질고(疾苦)를 구원에 이르게 하는 위대한 힘이 있는 것이다.

우리가 오랫동안 살아오면서 만들어지고 오랜 세월 세

련(洗鍊)되고 다듬어지며 불려오던 민족 노래를 '민요'라고도 한다. 그래서 민요는 특별히 작곡자, 작사자가 없는 것이 보통이고 소박하고 단순한 노래로 민족성, 국민성을 표현되는 노래이다. 우리나라의 아리랑이 좋은 예이다. 우리 국민이 아리랑을 부르면 동질성이 느껴지고 외국에서 부르면 애국의 마음, 향수를 달래주는 치유의 힘도 된다.

우리의 민요 중에는 방아 찌면서 부르던 방아타령, 베를 짜며 부르던 베틀가, 각종 힘든 일을 하면서 부르던 각종 농요들을 예로 들 수 있다. 더운 논바닥에 수십 명의 농부들이 벼를 심거나 김을 맬 때는 장구, 징, 북, 꽹과리 등의 네 사람의 사물(四物)패가 있어 신명나는 농악에 맞추어 농요를 합창하며 일하는 농부들은 어려움을 못 느끼는 힘이 되었던 것이다.

이것이 음악의 힘이라는 것이다.

어느 건강학(健康學)에서 보니, 고전 의서에서도 "궁상각치우"라는 다섯 음계가 人體의 "간심비폐신" 다섯 장기와 상관관계가 있음을 설명하면서 음악이 병의 치료성을 설명한 것을 보았다. 국민일보 "미션 투데이"란의 설명에서 젖소에 음악을 들려주면 대뇌의 유산 기능이 자극되어 우유 생산량이 2~4% 증산이며 된장, 간장, 고추장, 김치, 포도주 등 발효식품의 발효과정 중 음악을 들려주면 음악 진동에 의하여 맛이 좋아진다는 것이다.

우리 과학이 인정되어 가는 음악의 신비!

농작물의 재배에서도 음악과 성장 차이가 있음이 상식이 되고 있다.

다시 말하거니와 믿는 사람들이 부르는 찬송은 성령 하나님의 계시이다. 믿음으로 마음 깊숙한 데서 우러나오는 영감 있는 찬송은 분명 모든 것을 치료하는 능력인 것이다.

행복 그리고 사랑

우리 人間이 사용하는 그 많은 단어 중에 "행복, 사랑"이라는 말보다 더 귀하고 흠모되는 말이 또 무엇이 있을까요. 갖고 싶고 또 가져도 더 소유하고 싶은 행복과 사랑이라는 그것 말입니다.

행복이란 무엇이라 설명될까요. 나의 생활에서 부족함을 못 느끼는 상태로 기쁨을 느끼며 더없이 흐뭇한 마음이라 하겠습니다.

인간들은 누구나 이 행복을 바라고 추구하지만 우리 모두는 한결같은 행복을 소유하지 못합니다. 우리가 잡으려고 하는 天國새는 잡지 못할 정도의 손 위에 앉는다고 하는 속담도 있습니다. 잡힐 듯 하면서도 잡히지 않은 행복!

그래서 우리 인간사회는 행복을 항상 느끼며 사는 사람보다 그렇지 못한 비율이 큰 것이 사실입니다. 그래서 말하기를 행복은 축복의 신(神)이 임의로 나누어주는 것이라고 하는 운명론(運命論)을 주장하는 사람이 있는가하면, 절대 부정하며 인간의 자기노력에 의해서 맺어지는 결실

이라고 주장하기도 합니다.

나는 후자에 박수를 치고 싶습니다. 인간이 노력하되 어떻게 무슨 방법으로 이 幸福을 찾아야 하는 것이냐가 중요하다 할 것입니다.

어떤 이는 행복을 물질에다 두는가 하면, 어떤 이는 권력(권세)에서, 어떤 이는 이성(異性)에 또는 환경에 두기도 합니다. 이 모든 방법들이 틀렸다고 말 할 수는 없습니다. 그래서 우리 역사는 우리들에게 교훈하고 있는 것입니다.

돈, 그것은 참 좋은 것입니다. 권세도 참 좋은 것입니다. 그러나 돈이나 권세가 곧 행복이 될 수는 없는 것입니다. 오히려 불행이 되는 수도 있습니다.

우리나라 일류재벌의 딸이 행복이 아니라 불행에 시달리다 자살했다는 기사가 최근의 뉴스이며, 우리 정부의 권력자들 권세자들 행복하기만 할 것 같은 그들 중에는 감옥소 수감의 불행, 어떤 경우에는 불행을 이기지 못하고 한강에 투신하는 사람들도 계속되고 있습니다.

쌍가마에도 눈물이 있다는 속담이 있습니다. 인류 역사(歷史)에서 가장 권세와 부를 누린 사람으로 솔로몬왕을 꼽을 수 있습니다. 그 솔로몬 왕의 人生결론은 "헛되고 또 헛되도다" 라고 하였습니다.

또한 "채소를 먹으며 서로 사랑하는 것이 살찐 소를 먹으며 미워하는 것보다 낫다" 고 성경 잠언에서도 말씀했습니다.

행복의 수레는 사랑의 바퀴가 없이는 끌 수 없는 것입니다. 행복은 사랑을 주고받는 가운데 얻어지는(느껴지는) 것입니다. 사랑은 행복의 어머니인 것입니다. 사랑과 관계없는 행복은 있을 수 없다는 말입니다.

갓난 어린 아기를 품에 안고 젖을 먹이며 사랑의 시선으로 바라보는 어머니의 마음의 행복을 생각해 봅시다. 행복을 먼데서 어렵게 잡으려고 발버둥 치다 세월을 허송하는 인생이 되어서는 안 된다는 말입니다.

행복의 조건은 가까운 데에서도 얼마나 많은지 모릅니다. 가장 불행한 사람이 어떤 사람이겠습니까. 사랑을 주고받을 대상이 없는 사람이 불쌍한 사람입니다. 父母 없는 고아나 자식 없는 생애, 곧 사랑을 주고받을 수 없는 불행한 사람입니다.

내 부모 살아계셔서, 그 자식들이 존경과 사랑의 눈으로 어버이를 바라볼 때 생기는 행복– 귀여운 아들 손자 있어 사랑의 눈으로 바라보는 아버지와 할아버지의 그 행복– 이 모두가 사랑이 생산하는 행복인 것입니다.

우리는 가까이에서 얼마든지 찾을 수 있는 사랑의 대상들을 찾아 열심히 사랑합시다. 행복이 느껴질 것입니다. 행복은 마음으로 느껴지는 것입니다. 중요한 것은 나 스스로 행복하다 느껴야 하는 것입니다.

행복의 조건이 갖추어져 있는 사람도 불행으로 사는 사람이 있는가하면, 반대 조건에서도 행복하게 사는 사람이 있습니다.

행복의 중요한 또 한 요소는 삶의 보람을 갖는 일이라 하겠습니다. 중노동을 하는 3人의 작업장에서 다음과 같은 질문을 했다고 합시다.

"이런! 어려운 일에 애쓰시네요!"

한 농부는 "죽지 못해서 하지요."

다음 농부의 대답은 "돈 때문이지요."

세 번째 농부의 대답은

"자식을 교육시키고 노부모를 봉양하기 위함이니 보람 있는 노력입니다."

세 번째 농부의 삶은 보람을 느끼며 행복을 느끼는 삶인 것 입니다.

우리 모두 긍정의 안경을 쓰고 세상을 바라봅시다. 행복의 조건들이 보여질 것입니다. 幸福은 감사의 문으로 들어오며 불평의 문으로 나간다는 속담도 있습니다. 신앙인(信仰人)의 삶이라면 더욱 幸福할 수 있겠지요. 기도하며 감사하는 삶이 되기 때문입니다.

나의 황혼黃昏 인생

오늘 2004년의 성탄예배를 드리고 은혜로운 마음으로 지나온 하루를 돌아보며 달력을 바라보니 금년의 남은 날이 일곱 날!

남은 하루하루가 이처럼 아깝게 새삼 느껴지게 한다. 이제 7일이 지나면 내 나이 74세의 황혼의 인생길이 되기 때문이다. 시인 모세는 인생의 수명을 이렇게 말했다.

"우리의 수명이 70이요, 장수하면 80이라도 그 세월의 자랑은 수고와 고생뿐이요, 빠르게 지나간다"고. 바로의 왕 앞에 선 요셉의 아버지 야곱은 나이를 묻는 왕 앞에 "내 나이 130인데 빠르게 지나갔나이다." 라고 대답하였다.

빠른 인생이더라! 정말 인생 길은 너무도 빠르더라!

나는 오늘 새삼 빠른 나의 인생을 회고하며 아쉬움을 음미하는 것이다. 지금 이 마음을 철학적인 사고(思考)라고 하면 좀 거창한가? 좌우간 심각하게만 느껴지는 이 마음을 그려보고 싶어 붓을 잡은 것이다.

내 인생의 후배들아, 마음 열고 인생을 의논해보자.

실로 인생을 인생답게 살고 싶은 자에게는 무한한 욕망, 갈망의 연속이더라. 이 갈망과 노력은 참되게 살고 싶은 자, 죽을 때까지 계속 되는 삶의 모습이더라.

우리는 하루들의 삶의 모여 한 달이 되고, 한 달 들이 모여 한 해가 되면서 그 해들이 모여 내 나이 어느덧 74년이 되어가고 있다. 나는 내 인생의 삶의 모습을 돌이켜보는 방법으로 다음 세 가지 모습으로 생각해 보려고 한다.

내가 산 한해 한해가! 내가 산 한달 한달이!

더 축소해서 바라본다고 하면,

내 하루의 삶의 모습이!

나의 삶의 모습이 아니겠는가. 생각해 보면 하루의 나의 삶의 모습이란 소중한 비결이더란 말이다.

내 하루의 삶이 허송 없는 성공된 삶이면 그것들이 모여 된 내 한달 그리고 내 한해의 삶이 훌륭한 벽돌이 되어 내 인생의 탑으로 건축되는 것이 아니겠는가 이말이다.

명심보감(明心寶鑑)의 가르침이 생각난다.

一日之計는 在於晨이요

一年之計는 在於春이요

一生之計는 在於幼 라고 하였다.

하루의 계획은 새벽에 하여야 하고, 일년의 계획은 봄에 하여야 하며, 일생의 계획은 어릴 때 하여야 한다는 교훈이다. 봄에 씨뿌리지 않고 가을 수확이 없고, 어려서부터 공부하지 아니하고 그 인생의 내일이 있을 수 있겠느냐는 가르침이다.

나의 지난 73년의 세월이 하루의 소풍을 다녀온 듯 잠깐의 느낌. 돌이킬 수 없는 한 번뿐인 내 인생. 나는 지금 어제의 하루, 어제의 한 달, 어제의 한 해를 되돌아보며 아쉬운 이 마음, 이 후회들을 후배들에게 고백하여 그들의 인생에 참된 삶의 거름이 되어 주고 싶은 마음뿐이다.

마지막으로 나는 남은 삶을 어떻게 살아가야 하겠는가에 대한 결론을 아래와 같이 말하고자 한다.

- 기도하며 살 것이다. 나에게 주신 하나님의 임마누엘 신앙을 감사하며, 기도하며 살 것이다.
- 항상 노력하는 삶이 될 것이다. "스피노자"의 명언, "내일 종말이 온다 해도 오늘 한 그루의 사과나무를 심겠다"고 한 것 같이, 언제나 노력하며 사는 삶을 다짐한다.
- 봉사하는 삶을 살 것이다. 능력이 미치는 곳을 지나치지

않고 관심과 사랑으로 나의 힘을 보태주는 봉사하며 사는 하루하루로 살고 싶다.

- 아름다운 모습으로 살고 싶다.

그렇다. 이상 네 가지는 나의 희망이요, 기도제목이다. 후회 없는 자아 완성의 행복한 삶을, 아직도 많이 남은 오후 황혼의 햇볕을 받으며 나의 인생을 그렇게 살 것이다.